熟字訓で遊ぼ

中込由美子
NAKAGOME Yumiko

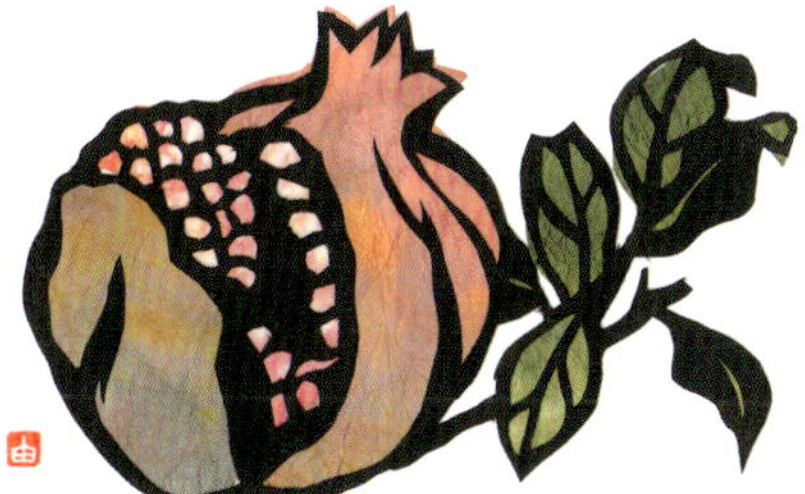

文芸社

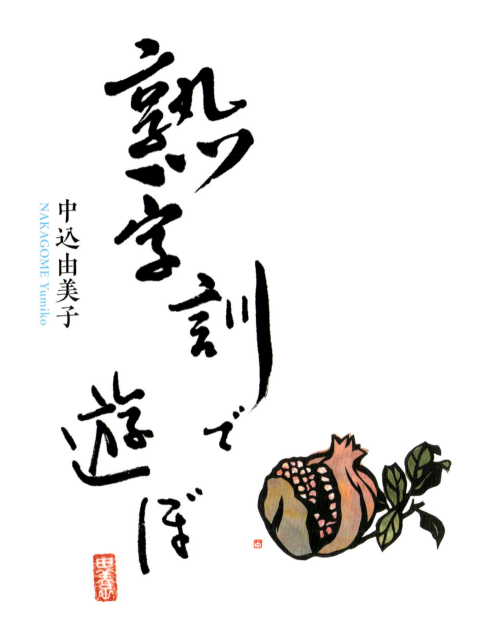

はじめに

昔々、中学の国語の教科書のメインとメインをつなぐページに熟字訓が顔をだしていた。指導書も（時間に余裕があれば……）くらいの位置づけだったような記憶がある。でも、いざ触れてみると、生徒たちの反応のよさ、目の輝き、学習というより遊びに近い感覚で楽しんでいる姿勢に指導権を奪われ、タイムオーバーしていたことは懐かしい思い出である。

昨今、テレビで、難解な漢字を読み当てるゲームを目にする機会があり、休止状態のおつむが反応。今、楽しんでいるきりえを熟字訓とコラボレーションしてみたら……の興味がこんな形になった。

なぜこんな漢字が充てられたのか。先人たちの意図が明確に理解でき、そのまま記載したものもあれば、我が独断と偏見が入り交じっているものもあることをお断りし、さらに拙著を手にしてくださった方がオリジナル説を広げてくださるのも楽しからずや……と。

日本の、漢字圏に生きるが故の楽しみを発見する旅が、さらにさらに広がりますようにと願いと期待を込めて……。

中込　由美子

もくじ

蒲公英

眼鏡

あくび（欠伸）

辞書によると、**あくび**とは―息を深く吸い込み、やや短く吐き出す呼吸運動―とある。単純計算すると、酸欠状態の解決方法だろうという結論に達する。

現実に、寝不足時や退屈時に防ぎようのない**あくび**を連発した経験は誰にもあることではなかろうか。呼吸と共に声を発し、大きく手を伸ばすことができたら、いっときはほぼ解消状態になるが、それができず、じっと歯を食いしばり辛抱しなければならない状況は厳しいものである。つまり**あくび**の原因は**伸**びの**欠**けたる状態かと。

目の前の相手が、自分に対してその厳しさに耐えていると見えたときには、最悪の屈辱感を味わうことになる。

この『熟字訓で遊ぼ』を読んでくださる方がそんな場面に最後まで遭遇しませんように、と念じながらのスタートとは、いささか皮肉な思いがしないでもないが、そうならないことを祈りましょう。

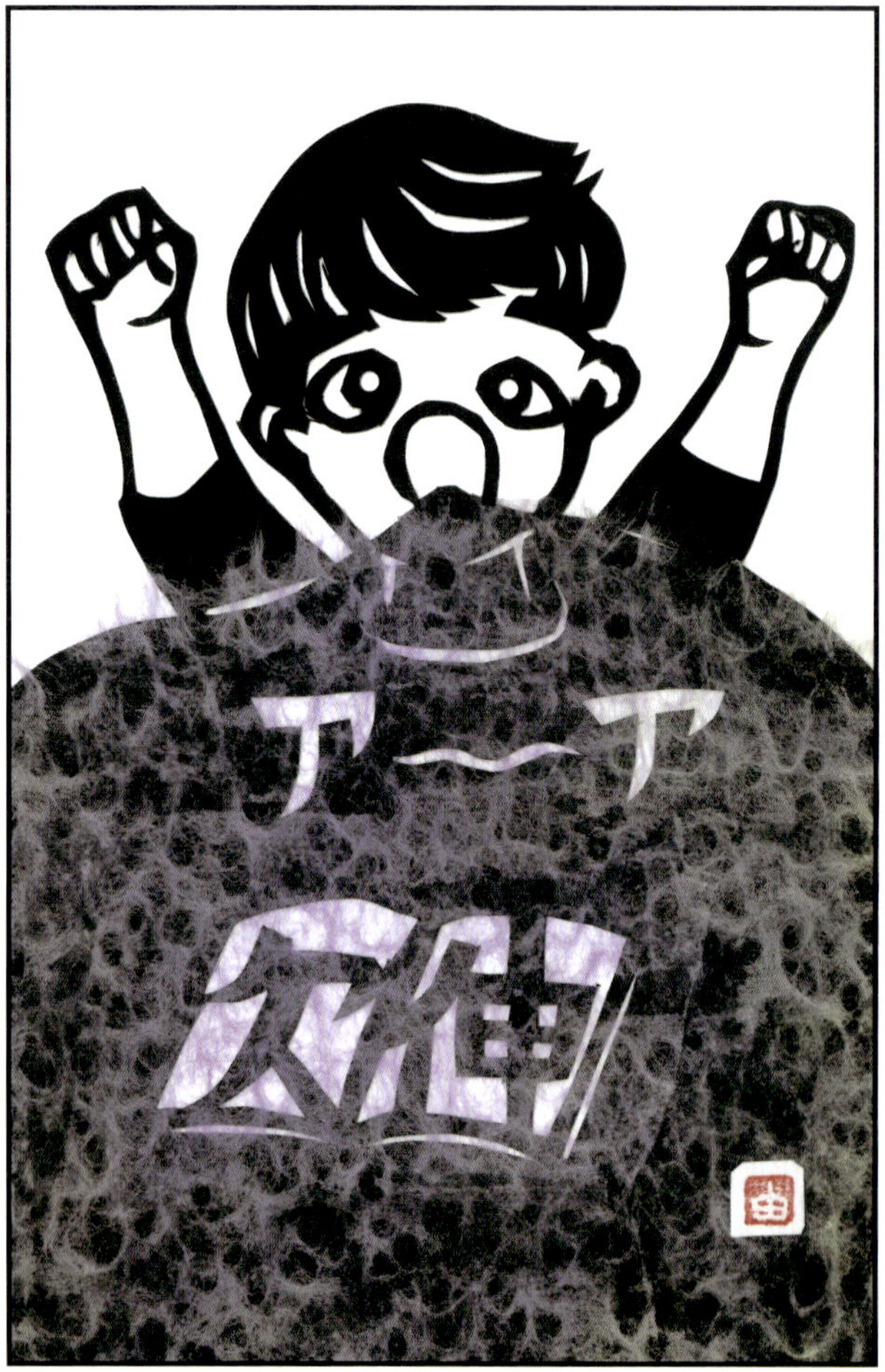

あぐら（胡座）

茶道が広まる以前は、**あぐら**が正しい座り方だったというから、その習慣の変化には、畳の登場が大きな要因を占めていると言っても過言ではなさそうである。

「**胡**」は異民族を指し、彼らの習慣だったいすを「胡床」と表わしたが、日本民族は足を組み、地べたに座ったことから「床」→「**座**」になり、日本人の一般的座り方は「**胡座**」の表記になったという。

正座は、下半身の血流が悪くなり、脳の血流がよくなるため、脳が活性化され、交感神経の緊張を高め集中力が増すというから、日本の残しておきたい文化であろうか。などと言ったら、いす生活が日本人のスタイルを欧米並みに近づけている論派の方々から、お叱りを受けることになりそうである。

何事も、長所と短所は背中合わせなのかもしれない。

あげはちょう（鳳蝶）

想像上の霊鳥ではあるが、鳳凰と言えば、一般的にゴージャス感満々で、この世の最高位に君臨する鳥のイメージである。

めでたい場面に、疑いもなく登場。

雄が**鳳**で雌が凰。

この**鳳**凰の文字は、鳥のみに限らず、最上級の高貴をイメージさせるようで、日頃漢字にさほど興味も持たず関心もなく過ごしているという御仁に示したら、「あげはちょうでしょ。蝶々の中の最高級と言ったら、あげはちょうしかないでしょ」と躊躇《ちゅうちょ》することなく言い当てた。

では、果物の最高級は何だろうと調べてみたら、パイナップル（**鳳**梨）であった。

パイナップルが、めったに食せない高級品だという意識下では育っていない現代っ子たちからは「えー」と驚きの声が上がるに違いないが、昭和世代の私には納得のいく表記である。

あけび（木通）

『熟字訓で遊ぼ』の原稿が出揃ったところで、たまたま時間を共有した同じマンションに住む優秀な中学生に見せた。

唯一首をかしげたのがこの「**あけび**」だった。

なぜか？

彼女の人生に一度も顔を出したことのないもので、きりえ作品に問題ありではなかったのだとわかり、ほっとした瞬間だった。

隣でお母さんが「へえ〜、**あけび**ってこう書くんだ〜」と驚いてくださった。

私自身、良き機会なりと、**木通**の漢字に向き合って驚き多々あり。美肌効果、貧血予防、動脈硬化予防、むくみ予防・改善などなどの超優れもの。

さて、本題に戻り、なぜ**木通**の表記になったのか調べてみると、つるを切った断面から息を吹きこむと空気が通るからだそうな。どのくらいの長さまで可能なのだろうか。頬膨らませ、心臓バクバクさせながら、肺活量比べに興じる子らの映像がよぎり、独り笑む。

あじさい（紫陽花）

土が酸性かアルカリ性かにより花の色が異なるというのが定説。

では、ほぼ同じ位置に植えられながら異なる色の花が咲くのはどう説明したらよいのかを調べてみると、なかなか複雑でひとことでは説明し難し。

梅雨時に心をめげさせない嬉しい花・**あじさい**は日当たりが苦手と言われているけれど、なぜか名前に「**陽**」を頂いているのは不思議なこと。

これは、白居易《はくきょい》が別の花に付けた漢字なのだという。

仕方なしというより他なさそうだが、それでも「紫陽花はあじさいでしょ」それ以外に読み方なしと言い切れるほど馴染んでいる漢字である。

「この漢字、とっても気に入っていますよ～」

そんなあじさいの声が聞こえる。

あずき（小豆）

まめを調べてみると、あるわあるわ。

日頃大変お世話になっている豆の加工品もしかり、豆そのものも多種多様。二〇二三年には「小さな豆から大きな健康」という豆の日シンポジウムも開催された由。

「**小豆**」があれば「大豆」ありということで、まずは大豆から調べてみて、意外な発見あり。

むかしは、豆と言えば大豆を指し、そこから大いなる豆、大切な豆という意味で「大豆」命名に至ったとか。

では、**あずき**はどうだろう。**小豆**の表記は大豆に比して形が**小**さいことを表わしているが、「**あ**」はあかいろ、「**つき**」には溶けるの意味があり、煮ると皮が破れて崩れやすい故の命名だという。

あずきの性質を最大限発揮しているしるこであり、あんこなり。

あせび・あしび（馬酔木）

万葉集の中に十首詠まれているあせび。すでにその時点で「馬酔木」の表記。

葉にアセポチンという有毒成分を含み、馬が食べて中毒をおこしたことからだと記述がある。

庭木として目にするのは色がついたものもあるが、野山逍遥で出会う自生種は白が主流。

漢字から推測すると、馬だけに相性が悪かったのかと思えるが、他の草食動物も食さない由。たまたま被害に遭った馬が目撃されたということだろうか。

視覚的には感性を優しくくすぐられる花である。

薄ピンクの花をたわわに付けた一枝、友より届けられ、時を忘れて、描き、きりえをつくる至福のときに感謝。

いか（烏賊）

海の生き物である**いか**に、なぜ空を飛ぶ**烏**《からす》の漢字が使われているのかと、誰もが首をかしげたくなる表記。

いかが逃げるときに出す墨、その黒い色をカラスに重ねたのかと単純発想でスタートしたのだが……。

いえいえ、少々イージー過ぎる発想でした。

中国の故事に由来するとか。

死んだふりをして海面に浮かぶ**いか**をカラスがつつきに来たそうな。

その瞬間、**いか**は手足を伸ばしてカラスを襲う**賊**に変身したとか。

つまり、**いか→烏賊**になったというが、実際には**いか**がカラスを襲うという生態は未確認だというから面白い。

いちょう（鴨脚樹・公孫樹・銀杏）

「**銀杏**」がなじみの表記だろうか。誰に尋ねた訳ではないが、この表記を使うとき、悪臭の代名詞にもなりそうないちょうの実をイメージしているような気がする。

秋、黄葉の代表格として名前を挙げるときは「**いちょう**」である。恥ずかしながら、**鴨脚樹**の表記は初対面であった。調べてみると、鴨脚は中国語ではヤーチャオ、それが何段階かの変遷を経ていちょうになったものだという。

では、なぜその漢字になったかと言えば、いちょうの葉っぱの形は水かきを持つ鴨の脚に似ているから。音も発想も納得。とは言え、これを熟字訓とよんでよいものかと悩みつつ熟字訓の定義を再度確認。

熟字訓の定義――「日本語において漢字からなる単語に、単字単位ではなく熟字単位で訓読み（訓）を充てたものである」。それ故に、単字に分解してもそれぞれに熟字訓の要素は表われず、その読み方でも分節不可能なものが多い。

うちわ（団扇）

「**うちわ**」の語源の諸説の中のひとつ、「羽を使い、ハエや蚊などの害を打ち払った―つまり、「打ち」＋「羽」＝「打羽（うちわ）」だそうな。

それがなぜ**団扇**になったのか。「**団**」が丸を意味するのは日中同様（漢字のルーツを考えれば、同じ漢字が同じ意味を示すことに何ら不思議はないのだが、ときに「手紙」と書いてトイレットペーパーだったりすることもあるので、単純に鵜呑みは要注意）。

「**扇**」は分解すると、「戸」と「羽」になる。これは、広がったり、閉じたりする扉を意味し、「あおぐ」→「おうぎ」になったとある。

形と用途が合体した中国語の「団扇」、そのまま日本でも長きにわたり拝借したまま、しっかり日本語として定着したものらしい。

えび（海老）

「えびって漢字で**海老**と書きますよ」と教えられたら、何を思うだろうか。単細胞の私では、「ふーん、海の老人か。長生きなんだ！」で一件落着といきそうである。

語源を調べて、あまりに短絡過ぎる己を反省。

1　尾があって大きな魚の餌になり得る→餌尾

2　ブドウのような赤紫色をえび色と呼んでいたことから、えび色の生き物→えび

3　枝のような髭がある→枝髭（えび）

などなど。

それがなぜ「**海老**」の表記になったのか。

長い髭があり、腰が曲がりあたかも老人のごとしということらしい。

ちなみに、日本最大の伊勢えびでは三十年も生きた個体の確認があるそうだ。

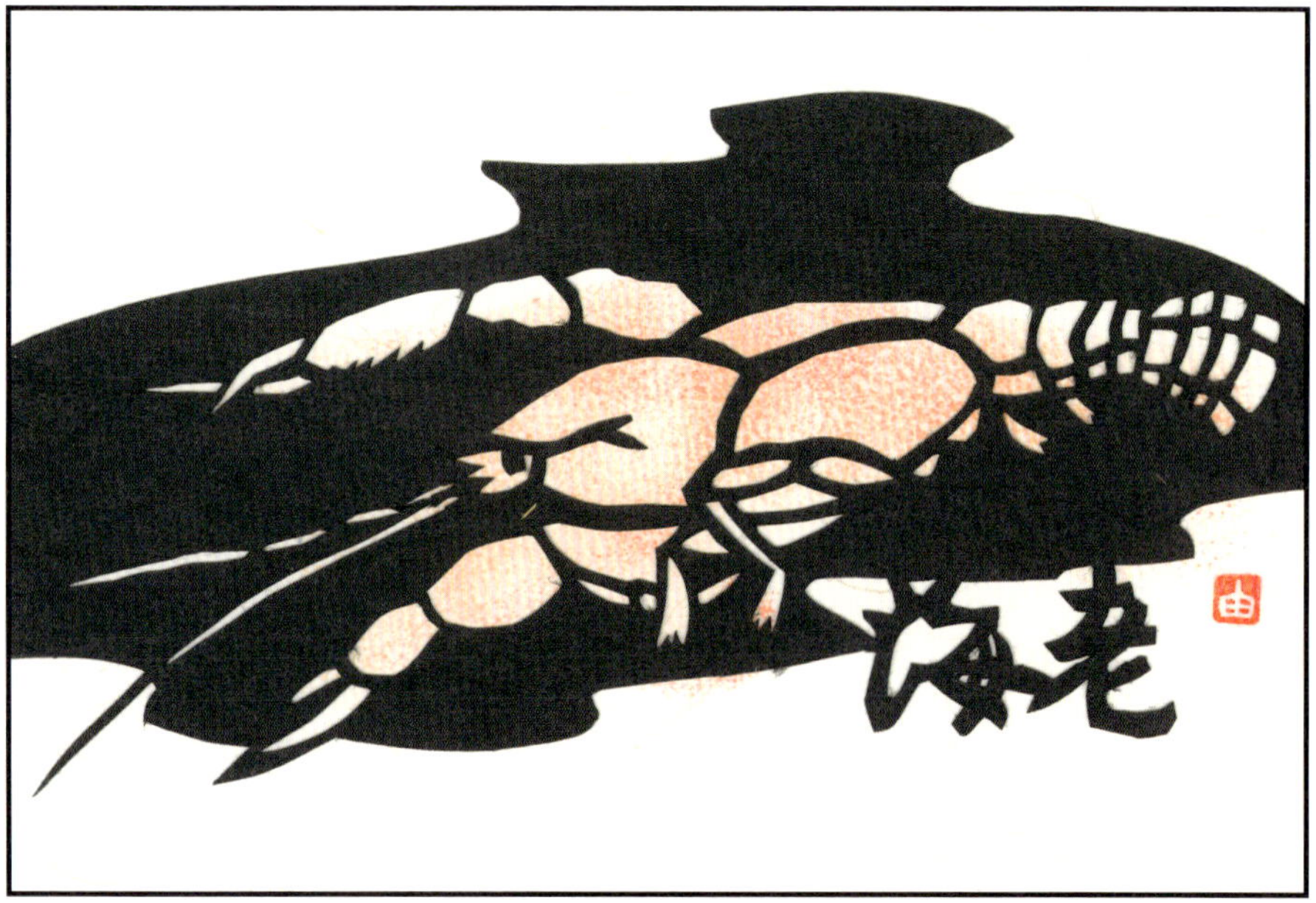

おとな（大人）

極めて素直に考えたら、文字通り**大**きい**人**。では、何を基準に大きいと定義するのか、実に曖昧なり。私のように小学生にも届かないようなチビでも、正真正銘の**おとな**である。つまり、身長論では決められない。

二十歳で成人式を迎えていたのが、十八歳に引き下げられた日本。成人＝**大人**と定義づけると、同じ状況下にある高校生が、片やおとなであり、片や子供というなんとも奇妙なことにもなる。

今や相当数が大学進学の状況を考えると、世の中からは成人と位置づけられながら、経済的には自立出来ない年齢層である。

ウィキペディアによると、大人とは、

・十分に成長した人。

・考え方や態度が十分に成熟していること。思慮分別があること。

だそうだが、そうなると、私、一生大人と言えないような心配と不安におそわれる。

おみき（御神酒）

・神様があがる酒
・神様もあがる酒
・神様にあげる酒

熟字訓を遊び始めたつもりだったが、日本語の助詞たるや難しくもあり深くて面白い。

儀式の折、**神**様に捧げられたお**酒**が参拝者に振る舞われるまでが儀式。

神前に捧げられたお**酒**は、霊が宿ったありがたいお酒に変身しているらしい。

個人差はあるが、お酒を飲んだら酔うのが一般的。平常時とは異なる状態になるのを、神様の領域に近づき、神様と一体になるという考え方があるらしい。「酒は百薬の長」「**御神酒**上がらぬ神はない」「酒は憂いの玉《たま》箒《ははき》」など、酒飲みたちにはずいぶんと分が良い諺誕生も、頷けるということになろうか。

おもちゃ（玩具）

　思い浮かぶのは、石川啄木の『悲しき玩具』。

　このタイトルは「**がんぐ**」として認知されている。歌集の中に、

　遊びに出て
　子供かへらず
　取り出して
　走らせて見る
　玩具の機関車

とあり、こちらには「**おもちゃ**」とふりがながある（蛇足ながら、これを作ったときには、息子は幼くしてすでに他界していたそうだ）。

　この歌の中で、「がんぐ」と読んではしっくりこない居心地の悪さあり。

　啄木の言う、「詩は悲しきがんぐ」から推測すると、おもちゃは単純な子供の遊び道具であり、がんぐには、本来自分が書きたい小説に比べたら、詩歌なんてがんぐみたいなものだという揶揄的なニュアンスがあるというから難しい。

おもと（万年青）

家康が、**万年青**を床の間に飾り、江戸城に入城したという故事は有名だとか。そして、その後、徳川家が安泰だったことから、万年青が祝い事・転居・厄除けなどに使われるようになったという。

久能山東照宮本殿石の間（神と人間世界をつなぐ重要な間と位置づけられている）に、万年青の彫刻が施されていることからも、万年青が特別な植物であったとうかがい知ることが容易である。

「いつも青々として活力を感じさせるめでたい植物なのよ」という先生のお話に耳を傾けながら、正月用花材として、年末生け花教室で苦戦した花材の万年青。

私にとっては特別な読みではなく、ごく当たり前に**おもと**であった。

かかし（案山子）

「安」は、家の中で女性がやすらぐさまを表わした会意文字であり、やすらぐの意、という説明に、思わず「うっそー」と叫んだ我がいた。辞書編纂者に異議あり！　おっと、脱線。戻そう。

「山田の中の　一本足の案山子　天気のよいのに　蓑笠着けて～♪」と歌ったあの物体をなぜ**かかし**と呼ぶのか。その語源―昔、田を荒らす生き物を払うのに、髪の毛や魚の頭を焼き、その悪臭頼みにした。悪臭をかがせた↓かがす↓かかし。

では、その表記の**案山子**にはどんな意味があるのだろうか。**案山**は山間の平らの土地を意味し、**子**は人間や人形を表わすというから、案山子の表記に納得。

昨今、収穫の済んだ田んぼで〈案山子コンテスト〉なるイベントが開催されているニュースを目にすることがあるが、有名人を模したり、ときのひとであったり、奇をてらったものなどなど、本来害敵払いを目的としたかかしが人寄せに大変身というのが面白い。

かきつばた（**杜若**）

「読めない」

でも、漢字の意味を押していくと、何だか読めそうな気がしてくる熟字訓の中で、これはかなり難解の部類に入りそう。

それもそのはず。これは「とじゃく」と読み、ヤブミョウガを意味するところを、誤って**かきつばた**の表記にしてしまった由。

たいそうよく似て、区別が付けがたい、甲乙（優劣）付けがたいとき、「いずれあやめか　かきつばた」、そんな表現を耳にし、自身も使ってきたことは確かである。

あやめ、かきつばた、しょうぶを見分けられないと仰る方が多いのはいかにも、と理解しつつ、このきりえ作品をしっかりインプットしていただけたら、見分けの一助になるのではと期待を込めての作品作りになったと記したい。

背景に施した水紋が、**杜若**は水辺を好む性質あり、を表現。

かけら（欠片）

かけらを意味する「片」。

この一文字でかけらと読ませても全く問題が無いところなのだが、それに敢えて「欠」を付けたのはなぜだろうと小さく悩むところ。

そもそも、かけらって欠けた部分のことでしょ。

欠けたものではないかけらなんてないのだし……。

「馬から落ちて落馬して、武士の侍が、女の婦人に笑われた」なんて、重言の面白さをネタにした落語がよぎった瞬間。

かたつむり（蝸牛）

語源由来辞典によると、「**かた**」は笠に似た貝、または、笠を着た虫の意味で、語源は笠。「**つむり**」はつぶりと同意語で貝の呼称。

人間の耳の一部にかたつむりの殻状をした器官があり、それを**蝸牛**と言うが、さてさてどちらが先の命名か。

いずれにせよ、読み方は異なるものの蝸牛の漢字表記は中国からやってきて、そのまま定着したもの。

外来語ならぬ、外来文字とでも命名しましょうか。

「でんでん虫虫
かたつむり、
お前のあたまは
どこにある。
角だせ槍だせ
あたま出せ♪」
口ずさみながらの制作時間、**かたつむり**の触角が共にうごめいているような不思議な感覚を楽しみながら、その先にあって自在に動く彼らの目に、世の中はどんな風に映っているのだろうかと、想像が膨らむ。

かぼちゃ（南瓜）

カンボジア→カボジア→**カボチャ**

カンボジア原産と考えられたことからの命名というのは広範囲で周知の事項。しかし、彼の地を訪れた際、かぼちゃを食した記憶はない。

調べてみると、熱帯アメリカの原産で、ポルトガル船によってもたらされたものだという。

「ウリ科に属し、南の方からやってきた」→**南瓜**

わかりやすくて、迷いなし。

煮物、揚げ物、炒め物、サラダ、コロッケと、次々浮かぶ南瓜料理。年間何個くらい消費しているだろうか。

今日の夕餉《ゆうげ》には、日頃の感謝を込めて南瓜料理を一品決めよう！

きょう（今日）・あした（明日）
・あさって（明後日）・きのう（昨日）
・おととい（一昨日）・さきおととい（一昨昨日）

今は確かに**今日**に間違いなし。

一夜明ければ**明日**、その次の日は**明後日**。

1＋1＝2、2＋1＝3……まるで算数の学習をしているような小気味よさで、どこまで続くのか、日にちに関する熟字訓。

過去に目を向けると、乍は行く、行ってしまった、を意味する。即ち、行ってしまった日は**昨日**、その一日前は**一昨日**。フムフム……こちらも納得の熟字訓。

しかし、会話の中では確かに使用語彙ではあるけれど、**一昨昨日**（さきおととい）なんて表記を、八十年近く生きてきた中で、書いて使ったことがあったのだろうかと考える。

二〇二〇年代、明日を考えられない人生を生きる人々の報道が多い辛さ。せめて明日を思い描ける平等が欲しいと願う。

くらげ（海月・水母）

残念ながら潜りの体験もないし、山国生まれの山国育ちで、水族館にも縁がない人生を送ってきた私にとって、くらげの実態をイメージするのは少々難。

漠然と、ゆらゆら・くにゃくにゃ、透明で、頭に半円の帽子をかぶり、遊泳している生き物程度の認識。

調べてみると、意外やそれで充分とみえた。

語源はクラクラしているからだそうな。そして海中を泳ぐ様子は、あたかも**海**中に**月**があるように映るから。

水母の表記については全くイメージもわかず、頭をひねるのみ。解説書の説明に「分からず」とあるのに、我が意を得たり。

こま（独楽）

「独り遊びができるようになりましたよ」

子育て中のある時期、子供の成長を表わす表現として聞くことば。

「遊ぶ」から、まずイメージできるのは何だろう。

同じ人間・仲間を遊び相手と認識するのは少し先で、物が遊び相手になる方が先。遊び道具の**独楽**にはしっかりと**独**の漢字あり。

独楽にも、競技があり、そのときには競う相手がいて、仲間もいる。でも、お正月、大人たちはお酒を酌み交わし、おしゃべりに興じ、いっとき子供の存在を忘れている。そんな想定下、独楽を片手に表に出ていった子供。いつか独りも忘れて独楽回しに夢中……そんな図を思い描くのは容易である。

独りでも存分に**楽**しめますよ。**こま**があれば……。

諸々調べた産物を書き記しておくと、独楽が縁起物とされる由縁は、
・まわる→お金がまわる・物事が円滑にまわる
・芯が通っている→意志を貫く・独り立ち……に通じるそうな。

ざくろ（柘榴）

「**柘**」は**庶**に通じ、多くのものを集めるという意味がある。

口を開いた柘榴を見たことのある人ならば、小さな宝石のような粒をびっしり詰め込んだあの様を表わすのに、「柘」はまさに適切な文字だと頷くだろう。

止まるを意味する「**留**」、これにヤマイダレを合わせると**瘤**《こぶ》になる。

ここまで読み進めて、はたと思い当たったことがある。

植木屋さんが入る度、褒めちぎられていた実家の庭の巨木柘榴。見事なほどに瘤だらけだった。

実際には、柘榴の実そのものが瘤のようだったことから用いられた漢字だという。

立派な実をたわわに付けた柘榴の枝の根元に水分をたっぷり含ませて、「絵になるかな」と送り続けてくれた母を懐かしく思い出した時間。

さんま（秋刀魚）

さんまの語源は、「体が細長いことから、狭真魚（さまな）」→「音便化により〈**さんま**〉」という説が有力とのこと。

その表記が**秋刀魚**になったのはなぜか。

秋、**刀**の形をしていっぱい出回る庶民の魚と言ったら、この表記以外にありますかと返されそう。

でも、ちょっと待って。

落語『目黒のさんま』を知る御仁なら、「いやいや、お殿様の胃袋もつかんだ、さんまだよ。刀を入れずして、なんとする」なんて仰ったかもしれませんね。

漱石の『吾輩は猫である』のなかでは、「三馬」の表記が使われているとのこと。言葉選びに神経を研ぎ澄ます職業の方が、音だけで「三馬」と記すことに抵抗はなかったのかな……なんて余計なお世話でしたね。

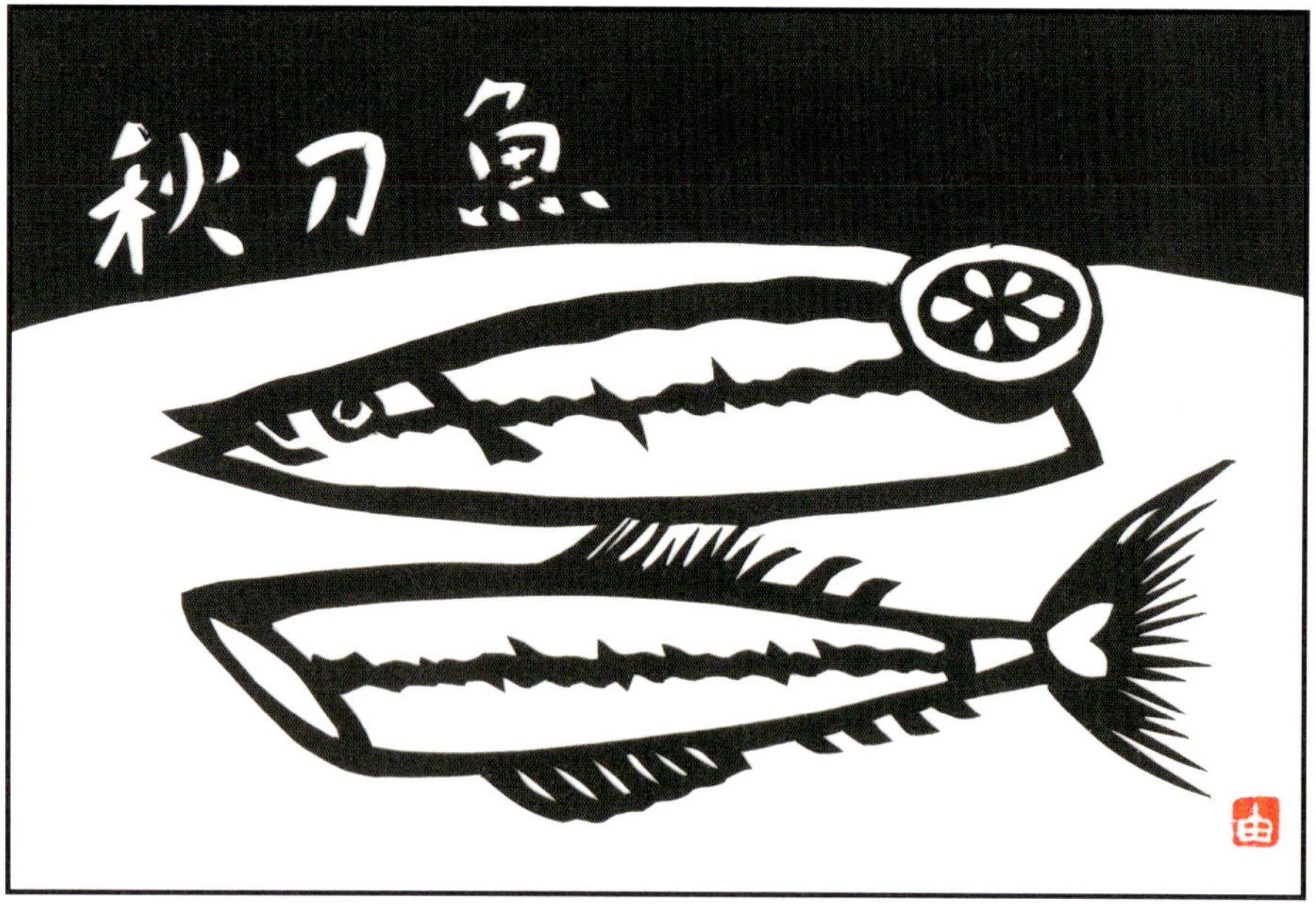

しだ（羊歯）

しだの語源は「**しだる**」から。それに意義を挟む余地はない。
それがなぜ**羊歯**になるのかは、考えても何も浮かんではこずギブアップして、スマホのお世話になることに……。

1　羊がしだを好き
2　若芽が羊の角のように巻いている
3　小さい葉が規則正しく並ぶようすが、羊の歯に似ている

などなどあるが、この漢字、もともとは中国に出典があるという。

日本人になじみ深いのは、シダ類のうらじろ。裏が白く、左右が向き合っていることから、夫婦和合にかけ、共白髪の言葉に象徴されるように、めでたさに重ねたという。花がある訳でもなく、地味なこの植物が、正月飾りの中で重要ポストを占める理由に到達。

じゅず（数珠）

珠＋数＝しゅすう→しゅす→じゅず（珠数）という変遷があったと言うのなら、すんなりと入ってくるのだが、それではあまりに当たり前で熟字訓の定義に適わないことになるので、やはり**数珠**なのかなあと。調べ進むと、過去に、著名な作家たちも珠数の表記を用いていたと知って、ニンマリというのも少々おかしい話ではあるが。

数珠の数、１０８が基本数だという。即、除夜の鐘だ〜と。

実は、この数珠、祈りの回数を数えるのにも使用されたとか。更に１０８に新しい学びあり。１０８の１は物事の始まりを意味し、０は無、８は永遠を意味する。ここまでは、知らなくてもフムフムの範疇。

１＋０＋８＝９、小学生でもわかる算数である。インドでは９は神様を表わす数字の由。そしてこの９、何をかけても、その答えの数字をばらして足していくとすべて最後は９になるという。例えば、

２×９＝18の１＋８＝９
５×９＝45の４＋５＝９
２２３１３×９＝２００８１７の
２＋０＋０＋８＋１＋７＝18で、結局１＋８＝９

という具合。

手品を趣味とする知人が、この原理を組み込んだトランプ技を披露した折、我ひらめいて「９」と叫ぶ。「なんと賢い！」評価ににんまり。

すもう（相撲・角力）

よく目にする表記は、画数の多い**相撲**である。

相手をよく見て、**撲**（ぶつ・なぐる）競技と解釈しては少々違和感がある。相撲はニュースの中の一ページとして見る程度のズブの素人なのだが、確かに張り手と言って、平手でなぐる技が公認されているようだが、個人的には受け入れがたさをおぼえる技である。

角力はどうか。「**角**」には、競う・争うの意味がある。

動物の世界に目を向けたとき、まさしく**角**は、「我、強し」を競うためにあり、と誰をも納得させるのではなかろうか。

すもうは、力を競うスポーツであり、我がイメージの軍配は**角力**。

付け加えるならば、昨今、漢字忘れが甚だしいことを考慮しても、願わくは画数の少ない**角力**を使いたい。

たなばた（七夕）

仮に、老若男女、年齢など、無差別で問うてみたら、最も認知度の高い熟字訓と言えるのではないだろうか。熟字訓の代表選手。漢字とひらがなの違いもわからないような幼児でも、**たなばた**のいわれと共に、いつの間にかおぼえてしまっている漢字。

Q「七夕と書いてなんて読む？」
A「たなばた」
（「馬鹿にしないでよ」とお叱りを受けそうである）
Q「た・な・ば・たの四文字、どの漢字のふりがなになりますか」
A「う～～ん」
Q「こういうのが熟字訓」
A「へえ～、なるほど。
では、小豆も、大人も、五月雨も……だよねぇ」
と、しばし熟字訓談義で盛り上がりそうである。

たばこ（煙草）

「一富士　二鷹　三茄子」は、初夢の縁起のよいものとしてよく知られている。

しかし、その後に「四扇　五**煙草**　六座頭」と続いているのを知る人は、どのくらいいいるだろうか。

そして、その六こがなぜ縁起が良いのかまで答えられる人は？

「富士」は不死、「鷹」は高い、「茄子」は成す、「扇」は儀式などで舞う際に使用、「**煙草**」は祝い事などの人集まりには欠かせないもの、「座頭」とは髪の毛を剃った盲人を指し、毛が無い＝怪我が無いに通じ、いずれもめでたいという発想だそうな。

今や、あちらこちらで禁煙マークが目につき、「肺癌＝煙草が原因」とまで悪名高き煙の草が、長きにわたり国の傘下で保護されてきたのは驚きでしかない。

私なら「**たばこ**＝吸害煙」とでも記したいところなり。

たび（足袋）

「足を入れる袋だよ。な〜んだ?」

子供たちにそう尋ねたら、

「ソックス」

と返ってくるに違いない。

「正解!」

と言いたいところ。

しかし、鼻緒のある履き物が一般的だった時代には、ソックスでは不都合だったでしょう。

「指付きソックスもあるよ」は、ちょっと置いておきましょう。

生産するにもソックスのほうが簡単そう。でも、伸縮性のある生地でないと、あの形、使用は困難かも……。

足を入れる**袋**＝**足袋**

漢字は時代の学習も担っていることを学んだ、熟字訓。

たんぽぽ（蒲公英）

花を愛でる人の多くが、漢字表記を見て、戸惑い、しばし考えて喜びに変わることがありはしないだろうか。というのは、熟字訓が植物名に数多《あまた》ある故に。例えば、向日葵。「あ〜、彼女たちって皆、太陽に向かって咲くんだってね。名は体を表わすか〜」と微笑みすら浮かんでくる。

さてさて、この**蒲公英**、知っているから読めるものの、なぜそうなるのか、我が教養の足りなさ故に疑問符大で、辞書に頼る。**たんぽぽ**が開く前に採集して乾燥させた漢方に、この字が充てられている由。

中国でたんぽぽの表記に**黄花地**があるそうだが、春、地面を隠すほどに咲き誇っている黄色集団、単純にこちらの方が馴染めそうだし、漢字としても定着度が高かったのでは、と独りごつ。

明治時代までは、若い葉はおひたし、ごま和え、花はてんぷら、根はきんぴらにと食卓を賑わせていたとか。それだけ摘まれながらも今なおの繁殖力は、頼もしい限りである。

つくし（土筆）

「つくしだれの子　スギナの子」

つくしとスギナ、全く形態の異なる彼らが、実はとっても深い繋がりがあるんだよって教えられた一節。

夢中で摘み取り、袴を外してスマートにそろえたつくしが、夕餉膳に載ったときの誇らしげな気分。思い出す情景はなんと七十年以上も前のこと。

昔のことはよく覚えているのよね。今のことはすぐ忘れるんだけど……あ〜、その域に到達してしまった証しか。

土から顔を出したばっかりのベイビー群は、その先端まで袴に包まれて、使用前のきちんと穂先のそろった**筆**の形そのものである。**土筆**から即、**つくし**の読みに至れるのは、田舎育ちの特権か。

つらら（氷柱）

昨今、ライトアップされて、〈自然美＋アルファ〉で注目を浴びているつららの名所は数多ある。

なかには、ベースを木材で組み、水を少しずつかけながら寒さ頼みでつららを作り、周囲の風景とのコラボレーションで売っているような名所もある。

プロセスがどうであれ、**つらら**を見たことのある人ならば、これを漢字表記にしたら**氷柱**――これしかないでしょう、と口を揃えるに違いない。

一本一本の形状が異なり、微妙な光に思い思いの反応を見せる氷柱は、写真の被写体としても、飽くことなき相手である。

どうだんつつじ（満天星）

熟字訓にはどんなものがある？

あー、これは読める読める。

うーん、これは多分……。

おや？　これは？


そんな楽しい時間、五十音順に並べられた熟字訓の後半で、「**満天星**」に遭遇。

こんな素敵な漢字を頂いた主は誰だろう、と悩み悩み、結局思いつかずに答えをチラッと。

他のつつじとは風情を異にした、小さな筒状の可愛い下向きの集団。

新緑美しい季節の山歩きの折、しばしば足を止めさせられ、マクロレンズに取り替えて彼女たちを狙った思い出が、懐かしく過《よぎ》る。

なぜ今まで知らなかった？

植物名はカタカナで表記するという、我の姿勢に問題ありと気づく。

こんなすてきな文字文化、楽しまなくっちゃ～。

とんぼ（蜻蛉）

夫との不安定な結婚生活に苦悩した藤原道綱の母の日記―『蜻蛉日記（かげろうにっき）』の記憶が強烈故か、この漢字「**蜻蛉**」はなぜか、はかなさとの至近距離に位置する。

それゆえか、これが**とんぼ**の古名であり、今も**とんぼ**と読んでいることを思うと、とんぼってはかないのかな、という疑問が湧く。

彼らは肉食性だと知ると、イメージ一変である。

寿命はどうかというと、卵で四ヶ月、ヤゴで二ヶ月、成虫で三ヶ月が一般的だという。人生百年時代と騒ぎ立てる人間世界から見たら、確かにはかなき命なり。私がイメージする**かげろう**とまさにぴったりである。

辞書には、「とんぼの飛ぶ姿はかげろうの立ち上る様に似る。ゆえに蜻蛉」と記述があるのを読んで、「オニヤンマもそうですか？」と。

なす（茄子）

「親の小言と茄子の花は、千に一つの無駄もない」

子供の頃に、さんざん聞かされたことばである。

つまり、親サイドの言い分としては、常に自分を正当化して、「はい、はい」と親の言うとおりにさせたかっただけだと、今ならもの申せるし、この諺の信憑性も、今の子供たちなら即調べることであろうか。

なすの花には雄花と雌花の区別がなく、結実率が高いのは事実のようである。

さて、「**茄**」には訓読みで「**なす**」と「**なすび**」がある。

この漢字を分解して、「草に力が加わってできるなす」の意味だという。

これって本当に熟字訓のお仲間だろうか、と混乱して、何度もその項に目を通してしまった。

この漢字、検定一級レベルというが、そんなに難しい漢字だという認識はない。

ねむのき（合歓木）

夜しか咲かない花、一日だけしか咲かない花、夜は閉じて太陽の光を受けて幾たびか開く花、数年に一度しか咲かない花、植物なのに虫を食べるなどなど、人間十人十色というように、植物にもいろいろなパターンがあって、深入りしたら面白いかもしれない。

ねむのきは、夜になると、相対している葉どうしが重なり垂れ下がって、あたかも眠っているように見えることから付けられたという命名説は、結構認知者が多いと思われる。

では、漢字の由来はというと、「**合歓**」は中国語辞典によると、相愛の男女が逢瀬を楽しむことだとある。

日本人が同様に感じたか否かは不明ではあるが、中国語をそのまま横流しした漢字ということになる。

この方法で用いられている漢字が結構あるというのは、今回の発見であった。

はさみ（剪刀）

はさみと入力すると、「**鋏**」「**剪刀**」の漢字が表示される。

一画一画を考えながら、**鋏**を手書きすると、「おー、旁《つくり》は人が三人だ」

三人並んだら一人ははさまれているね、と象形文字故の楽しさで自ずとはさむ意味へと導かれる。

かねへんは金属を表わす故に、金属でできていて挟む物って何だろうの答えに、**鋏**は容易に想像できる範疇。

では**剪刀**はどうだろうか。

中国語では「**剪**」の一文字ではさみ。これに刀を付け加えたのは、なぜか。

鋏は前述したように挟むことを強調、**剪刀**は切る道具であることを強調したかったのでは……と、独断と偏見で遊ぶ。

ひまわり（向日葵）

食用油、飼料、最近では大谷翔平選手がホームラン走から戻った時にヒマワリの種の祝福シャワーを浴びるのは定番映像だし、リスが食《は》むようすは絵になるネェーなどなど、活用度大の優れもの。

老若男女、また、世界中の多民族に焦点を当てたとしても、知らない人はいないでしょう、と言い切れるほどに知名度の高い花。

ゴッホの名画が、その貢献度を大きく担っていることも確か。

ひまわりは、花が太陽（**日**）に**向**かって動くと言われ、**葵**には太陽に向かって成長するという意味があり、**向日葵**の漢字が充てられたとある。

２０２２年からロシアによるウクライナ侵略が続いている情勢下、ウクライナの国花であるひまわり畑の被害は甚大。ひまわり畑の復旧はもとより、彼らに、彼らの子供たちにひまわりのような笑顔が一日も早く戻りますように、と祈らずにはいられない。

ふぐ（河豚）

「かわ」には川と河があり、かつては小さい川、大きい河を使い分けていた。

ふぐは海に生息する魚と思い込んでいたので、なぜ**河豚**なのだろうとなかなか受け入れられなかったという記憶がある。意外にも、河川の中流にも生息する魚とのこと。仮に海にしか生息していなかったとして、こちらには海豚（いるか）の先客ありだーと思った瞬間、

「おー、これも熟字訓だ」と笑みがこぼれる。

「河豚は食べたし、命は惜しい」

毒を有する故に、有資格者だけが調理を許されるという高級食材のふぐ。

メニューに河豚―豚―の漢字を見て、期待度、高揚感が半減なんてことのないように、メニュー表記はひらがなにしては如何でしょうなどと言ったら、豚さんに差別だとお叱りを受けますね。

ヘチマ（天糸瓜）

熟したへちまの皮と肉を除くと網状の繊維だけが残り、入浴たわしになると知っている世代は、何割くらいいるのだろうか。

細長い、つまり**糸**状の**瓜**（いとうり）から「い」が脱落して、【「いとうり」－「い」＝「とうり」】になった。

「と」は、いろは歌の「へ」と「ち」の間の文字。ゆえに**へちま**と命名とか（そういえば、からすのえんどうとすずめのえんどうの中間種をかすまぐさと命名したというのと同一の発想）。

「**天**」があっても無くてもへちまのようだが、「**天**」を付けたいのはなぜか。

昔々の乙女が敢えて解説すると、へちまから採れる水分は化粧水になり、天糸瓜たわしで磨いたお肌に付けたら、天使のように美しくなりますよ……なんて発想は楽しいねえーと口角あげてきりえの制作。

ほおづき（鬼灯）

諸説ある語源の中に、種を除き皮だけにしたものを口に入れ、ふくらませ音を出すとき、頬を突き出す→ほほづき→**ほおづき**とあった。昔々にタイムスリップして、楽しいことしか思い出さない童心に帰れる喜びからか、私はこの説の絶対支持者である。

それが漢字になると、どうして**鬼**の**灯**となるのだろう。

お盆には子供の頃からこの鬼灯を飾り続けてきながら、その意味にも、いわれにも、関心を示さずにきたことをちょっぴり恥じながらではあるが、気づきに遅すぎることはないと開き直って、今。

ほおづきの熟した赤い実、鬼が持つ灯りに見立てるには少々小さくて可愛すぎる感があるなあ、と。鬼は節分の主役を担う鬼にあらず。鬼門に入った御先祖様をお迎えする灯りにみたてているのだぞうな。

我の全てをお作りくださった数え切れない御先祖様よ、ほおづきの灯りを頼りに迷わずお出かけくださいな、と心して飾ることにしましょう。

ほくろ（黒子）

平安時代から鎌倉時代には、ほくろは「ははくそ（母糞）」と呼ばれていたそうな。くそは、分泌物が乾いてたまったものを言い、その類いでは目くそ鼻くそなど。

言われたら腹がたちそうなのは、くそったれ、へたくそ、くそ坊主、くそくらえなどなど、くそのつくことばに良いイメージはない。

ゆえに「ははくそ」もねー、他に変えませんか？

そんな議論があったかどうかと詮索するのは私の勝手で、学説では、ははくそ→はうくろ→ほーくろ→**ほくろ**になったとある。

この変遷にはどれだけの時間を要したことか。

表記については、**ほくろ**の別名を**こくし**（**黒子**）と言ったそうで、呼び方は変化したものの漢字はそのまま居座ったようである。

みやげ（土産）

昔々、一クラス四名限定という小さな学習塾をしていた頃の懐かしい思い出である。よくがんばったね、のご褒美に、春休みを利用して小さな旅を企画するのが楽しみだった。

その旅先で、

「先生〜、どさんって何を売っているの？」

と大きな声。

一瞬、

「はぁ〜？」

指さす方向には、お**土産**の文字を掲げたお店が並んでいる。

そうだよね。これを**みやげ**と読むとは確かに教えてはいませんでした。

多分当時は熟字訓に言及しなかったろうという反省のもと、漢字と仲良しになれたかもしれない素晴らしいチャンスを与えられなかったという後悔の中にいる。

更に、昔はみやげって農産物（土で育てた産物）が多かったのだろうね、と膨らむところだったなあ〜と。

めがね（眼鏡）

カタカナ表記ではあるが、しっかり日本語として定着している感があるサングラス。和製英語かな、と調べてみると、しっかり英和辞典の住人であった。

英語では、**めがね**はガラスの複数形glassesで表わし、日本語では「鏡」という漢字を使用。

漢字のルーツ、中国語では、日本語と同じ表記である。難しく考えないで、単純に中国語をそのまま拝借したもの―でもよいのだが、我が独断で遊んだ説を敢えて記そう。

ガラスという発想は、めがねをファッションの一部としてとらえたもの。

鏡は、実物をそのままに映すもの。つまり弱い視力を正常値にし、ゆがみを矯正してありのままに近い姿を提供してくれるものだという考え方から、**目**を**鏡**状態にするという**眼鏡**表記になったのではと。

もず（百舌鳥）

漢字は、一文字一音以上という常識を外さないと読めない漢字である。常識では、三文字の漢字には三文字以上のひらがながつくはず。その常識外れの代表格、**百舌鳥**（もず）だが、鳥の名前について多少知識のある方はいとも簡単に読み当ててしまう。

スペシャル版を知っているという行為、ことのほかプライドをくすぐるのかもしれない。

漢字が示すとおり、**もず**はものまね名人で、他の鳥の鳴き声を上手にまねるという。もちろん**百**はオーバーだと思うが、では実際には何種類の鳥のものまねができるのか。残念ながら答えは見つからず。

彼らは獲物を木の枝や棘に串刺しにする習性があることから、イギリスでは「屠殺人の鳥」、ドイツでは「絞め殺す鳥」の呼び名もあるとか。日本でも、江戸時代には、「百舌鳥が鳴く夜は死人が出る」と信じられていたそうだ。

諸々聞くと、日本語の**百舌鳥**の表記、good job! と彼らの喜びの声が聞こえそう。

もみじ（紅葉）

音読みすると**こうよう**。

辞書によると、「**もみじ**も**こうよう**も、秋になり葉が紅色にかわること、また、その葉」と記述があるが、個人的には使い分けている感が強い。

もみじと言うときは、色づいた**楓**類を意味している。例えば、

「もみじがとってもきれいだったので、押し葉にして栞がわりに……」

「○○のこうようが始まりましたね」

と言うとき、もみじの種類に特化はしていない。

我が住まいの近隣の街路樹、いちょう、はなみずき、けやきなどなど赤系もあり他の色もあり。しかし、秋、色が変わった葉を付けた街路樹を見て、「こうようしてきた」という表現をごく普通に使用中。

熟字訓の**もみじ**で作品作りをしようと考えたとき、この形をした葉しか浮かばなかった。

やおや（八百屋）

数が多いときに使われる「**八**」。花に使用のものには、八重桜、八重椿、八重咲きの〇〇というふうに。うそ八百はご勘弁。

楽しいのは八百万の神（やおよろずのかみ）。そんなに神様が存在するなら、誰にも心寄せる神様がいてほしいもの。さすれば世の中に不幸な人は皆無になるのでは、と期待が膨らむというもの。

めでたい続きで、米寿は八十八歳の祝い。では、茶寿って何歳の祝いでしょう。くさかんむりは十が二つ、つまり二十と下の部分八十八になりませんか。合わせて百八歳の祝いだそうですが、果たしてそこまで生きて、「めでたいね」と言われる生き様ができるのかなあと疑問。

さて、**八百屋**。数多くの品物が並ぶお店を指していることは、一目瞭然。でも待てよ、なぜ野菜や果物を扱うお店だけを、**八百屋**と言うのだろう。

もともとは、青物屋（あおものや）→青屋（あおや）→**やおや**という説が一般的だという説明にあって、納得。

ゆかた（浴衣）

木綿で水分の吸収がよく、入**浴**上がりの湿り気ある肌を直接優しく包んでくれるころも（**衣**）、ゆえに**浴衣**なのだと勝手な解釈で自己満足していたのだが、ＮＨＫの『チコちゃんに叱られる！』によると、かつてお風呂は今時のサウナごときの蒸し風呂形態で、ころもをまとっての利用であったとか。

入**浴**のための**衣**なり。

入浴の後の衣にあらず。

今や、若者たちが浴衣をよそ行きファッションとして、花火会場に花を添え、また都会の真ん中を闊歩している。

驚くのは、小さな子供たちの浴衣すがた。丈は膝上、本来ならあるはずのないふりふりがついたり、まさに和洋折衷の新型ファッションである。従来の物より動きやすそうね、と認めつつも、みんなで着たら怖くないで、これが着物の主流になったらなんとしよう、と心配するのは取り越し苦労でしょうか。

おわりに

「漢字が楽しく学べるかも～」で始まった『熟字訓で遊ぼ』の制作作業、意外にも多くの時間を費やしてしまった。

きりえとのコラボレーションを前提としたとき、絵になるもの（できるもの）とならないもの（できないもの）に二分され、後者に悩む時間が多かったようである。

あれもこれもと入れたかった候補が多々残ったままのendingではあるが、コロナ禍、ウツウツと過ごしていると嘆く人々の声が多い中で、スマホやパソコンを友とし、また師とし、楽しい時間を過ごせたと振り返ることができるのは何よりである。

拙著を手にしてくださった方が、更にご自身のレパートリーを広げて楽しんでくださったら、尚々嬉しさ倍増である。

パソコン入力作業で、機械音痴ゆえのトラブルが多々発生して、計画頓挫かとの危機感に襲われたとき、岡野博氏からの心強いアドバイス、援助を頂いたこと、また拙著を世に出すきっかけを、快いヨイショで実現してくださった文芸社の担当の方々、きりえを始めてから今日まで、いつも優しく温かく背中をプッシュし続けてくださった多くの方々に、心から感謝申し上げる次第です。

きりえの原画は全てはがき大の小さな物。敢えて解説は加えなかったが、これをご覧頂いて「楽しそう～、やってみようかな」と興味を覚え、カッターを手にして、人生をほんの少しでもふっくらさせる方向に動き出す方がいらっしゃったら、嬉しい限りです。

自然災害、人間が作り出している多くの危機下で生死の間をさまよう人が絶えないような悲しいニュースが多い昨今ですが、命を大切にして、生かされている感謝を忘れずに、大切なときを紡いでいきたいと思います。

ありがとうございました。

著者プロフィール

中込 由美子（なかごめ ゆみこ）

1945年生まれ、山梨県南アルプス市出身
埼玉県上尾市在住
公立小・中・高等学校で教鞭を執る
教師・日本語教師・家族の介護・山歩き・写真・絵画・きりえ・卓球など、
「今しかできないこと、今だからできること」に全力投球

熟字訓で遊ぼ

2025年２月15日　初版第１刷発行

著　者　中込 由美子
発行者　瓜谷 綱延
発行所　株式会社文芸社
〒160-0022　東京都新宿区新宿1－10－1
電話　03-5369-3060（代表）
03-5369-2299（販売）

印刷所　TOPPANクロレ株式会社

ISBN978-4-286-26186-7